AF269354

Palmira Vázquez Montalbán

APULEYO EDICIONES   FOMENTO DE VALORES   CUENTOS ILUSTRADOS

NO SOY UN BICHO RARO

APULEYO EDICIONES   FOMENTO DE VALORES   CUENTOS ILUSTRADOS

Con cariño, a mis hijas, que me enseña-
ron todo lo bueno que puedo ser y dar.

A mis nietos, que me han completado y me
han mostrado lo mejor de mí.

NOTA: no implica una incapacidad total
para fijar la atención. Muchas personas
no lo saben, pero la hiperfocalización es
una de las características que las personas TDAH comparten con los genios.

Hola, esta de aquí soy yo, África.

Como ves, soy una niña como tú, como tu hermana, tu hermano o tu vecina.

No tengo antenas que me salgan de la cabeza; ni tres ojos en la cara; ni nada de eso que a veces imagina la gente.

Juego con mis amigas y amigos; bailo, salto, hago la voltereta, equilibrio, giros, ondas y flexibilidad. Todo eso me encanta y se me da muy bien.

En casa de mis abuelos tengo una cinta colgada del techo, en la cual me gusta engancharme y hacer piruetas.

Me gustan los dibujos en la televisión. Pinto, garabateo...

A veces estoy muy parlanchina y hablo mucho.

Me río mucho y no me suelo enfadar.

Soy muy risueña y simpática.

Perdono fácilmente. No me gusta estar enfadada mucho tiempo.

Sobre todo, sobre todo, me siento feliz y creo que tengo un corazón de oro.

Claro que a veces me frustro, pero es porque me siento agobiada. Cuando me insisten mucho sobre una cosa y me apabullan, me altero. No lo puedo evitar. Pero si tienes paciencia conmigo y cariño, se me pasa y vuelvo a ser feliz.

Sí que es cierto que a veces parece que no escucho cuando me hablas. No es que no quiera escucharte, es que seguro que estoy distraída con otra cosa y no puedo prestarte atención.

Si en ocasiones no respeto tu turno cuando estás hablando, no es que sea maleducada, simplemente no puedo evitarlo.

BLA
BLA
BLA

El colegio me encanta. Voy todas las mañanas, con mucha ilusión de aprender. Pero lo que no me gusta es que a veces necesito trabajar a un ritmo más lento que mis compañeras y compañeros. Y, sí, siento que me miran de una forma como que no me entero de nada.

ESCUELA

Y eso sí que me pone triste, muy triste, porque no me gusta que me miren como si fuera distinta, como si fuera menos lista que ellos. Solo voy a mi ritmo. No soy menos lista.

Mi abuela dice que no pasa nada; que cada uno necesita un tiempo distinto. Que eso no significa que sea menos lista que los demás; que tan solo necesito una explicación más detallada y dirigida a mí, y mucha mucha paciencia.

Sin embargo, como habrás visto, los deportes se me dan muy muy bien. Soy muy ágil.

Y me pregunto: ¿Por qué los papás y mamás de los demás niños hacen bromas con el TDAH? Se ríen delante de mí. ¿Acaso creen que es la solución cuando sus hijos no obtienen las notas que ellos esperan?

Pero, además, cuando la gente oye TDAH, en sus caras se les puede leer la expresión de «¡ah, es tonto!».

No soy tonto, voy a otro ritmo, simplemente.

¿Te has parado a pensar que tú no eres tan bueno en todas las cosas que haces, que con esa actitud lo que hacéis es herir mis sentimientos?

Necesito cosas distintas, pero eso no me hace diferente.